Las características de la Tierra

Cuevas

Cassie Mayer

Heinemann Library
Chicago, Illinois

Photo research by Tracey Engel and Tracy Cummins
Designed by Jo Hinton-Malivoire
Printed and bound in China by South China Printing Company
Translated into Spanish and produced by DoubleO Publishing Services
11 10 09 08 07
10 9 8 7 6 5 4 3 2 1

Library of Congress Cataloging-in-Publication Data
Mayer, Cassie.
  [Caves. Spanish]
  Cuevas / Cassie Mayer.
      p. cm. -- (Las características de la tierra)
  Includes index.
  ISBN 1-4034-8681-6 (pbk) -- ISBN 1-4034-8675-1 (hc)
  1. Caves--Juvenile literature. I. Title.
  GB601.2.M3918 2007
  551.44'7--dc22
                                        2006028731

Acknowledgments
The author and publisher are grateful to the following for permission to reproduce copyright material:
Alamy pp. **6** (Chris Howes/Wild Places Photography), **11** (Chris Howes/Wild Places Photography), **22** (Simon Colmer and Abby Rex); Corel Professional Photos p. **13** (all); Corbis pp. **4** (river, Pat O'Hara; mountain, Royalty Free; volcano, Galen Rowell; island, George Steinmetz), **5** (Layne Kennedy), **7** (Tim Wright), **10** (Bob Krist), **12** (Richard T. Nowitz), **14** (P. van Gaalen/zefa), **15** (Tom Bean), **17** (David Muench), **18** (Eric and David Hosking), **19** (Wolfgang Kaehler), **20** (Danny Lehman), **21** (Annie Griffiths Belt), **23** (both, Richard T. Nowitz); Getty Images pp. **8** (Brian Bailey), **22** (Stephen Alvarez); Superstock pp. **9** (age footstock); **16** (SuperStock, Inc.).

Cover photograph of the stalagmites in Carlsbad Caverns' Big Room reproduced with permission of Corbis/George H. H. Huey. Backcover image of a sandstone cave reproduced with permission of Corbis/David Muench.

Every effort has been made to contact copyright holders of any material reproduced in this book. Any omissions will be rectified in subsequent printings if notice is given to the publisher.

Contenido

Las características de la Tierra

La Tierra tiene formas diferentes. Estas formas son las características de la Tierra.

cueva

Una cueva es una característica de la Tierra.

Una cueva no está viva.

¿Qué es una cueva?

Una cueva es una abertura en la tierra.

Las cuevas son muy oscuras.

Las cuevas están hechas de roca.

Las cuevas pueden estar bajo tierra.

Las cuevas pueden estar en la ladera de una colina.

Las cuevas pueden ser grandes.

Las cuevas pueden ser pequeñas.

Las características de una cueva

estalactita

estalagmita

Las cuevas tienen muchas características.

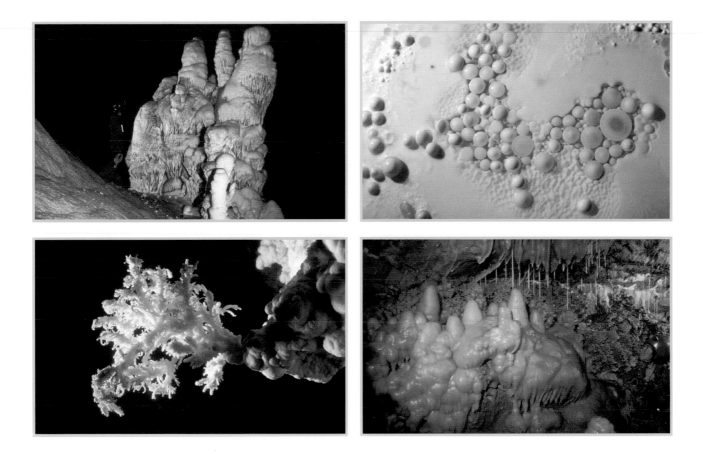

Las características de una cueva tienen
tamaños diferentes. Las características
de una cueva tienen formas diferentes.

Tipos de cuevas

Algunas cuevas están cerca del océano.

Algunas cuevas están hechas de hielo.

La mayoría de las cuevas están hechas
de roca.

Esta cueva está hecha de roca.

La roca está hecha de arena.

¿Qué vive en una cueva?

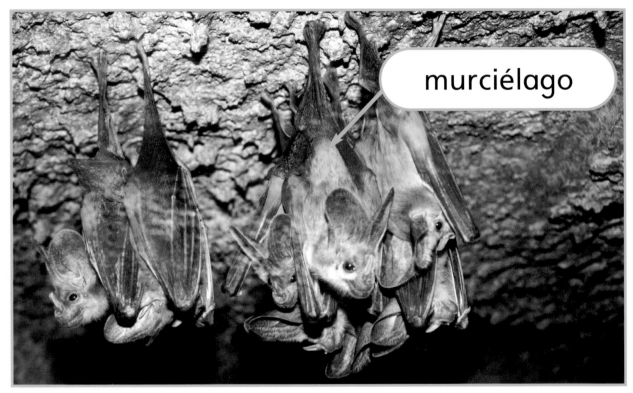

murciélago

Las cuevas son el hogar de seres vivos.

En las cuevas viven animales.

La gente también vive en cuevas.

Visitar cuevas

A mucha gente le gusta visitar cuevas.

Muchas cuevas nos muestran mundos ocultos.

Cuevas: datos

Mammoth Cave está en Kentucky. Es el grupo de cuevas más grande del mundo.

Algunos de los animales que viven en cuevas son ciegos. Estos animales tienen un buen sentido del tacto.

Glosario ilustrado

 **estalactita** una forma puntiaguda que sale del techo de una cueva

 **estalagmita** una forma puntiaguda que sale del suelo de una cueva

Índice

Nota a padres y maestros

Esta serie presenta las características de la Tierra que conforman los rasgos de la superficie terrestre. Comente con los niños cuáles de estas características ya conocen y señale cuáles existen en la zona en la que viven.

En este libro, los niños investigan las características de cuevas. Las fotografías sumergen a los niños en el mundo oculto de las cuevas y refuerzan los conceptos de los que habla el texto. El texto fue elegido con la ayuda de una experta en lecto-escritura, de modo que los lectores principiantes puedan leer con éxito tanto de forma independiente como con cierta ayuda. Se consultó a un experto en geología para asegurar que el contenido fuera acertado. Puede apoyar las destrezas de lecto-escritura para no ficción de los niños ayudándolos a usar la tabla de contenido, los encabezados, el glosario ilustrado y el índice.